Género Narrativa de no ficción

Pregunta esencial

¿Cómo cuidamos a los animales?

Ayudar a las ballenas

Rachel Tandy

Capítulo 1
Ballenas asombrosas 2

Capítulo 2
De un lugar a otro 6

Capítulo 3
Rescate de ballenas 10

Respuesta a la lectura 15

LECTURA COMPLEMENTARIA **Trabajos con animales** 16

Glosario/Índice 19

STEM Enfoque: Ciencias 20

Capítulo 1

Ballenas asombrosas

Las ballenas azules pueden pesar 200 toneladas.

Las ballenas son animales asombrosos. Tienen formas y tamaños diferentes. La ballena azul es la clase de ballena más grande de todas. Es el animal más grande de la Tierra. Puede llegar a medir hasta 100 pies de largo.

SCIEPRO/Science Photo Library/Getty Images

A las orcas también se las llama "ballenas asesinas".

Las orcas son ballenas especiales. Son grandes cazadoras. Nadan muy rápido para atrapar a sus **presas**. Cazan peces, focas y aves. A veces, también cazan las crías de ballenas azules. Pueden medir hasta 27 pies de largo.

Todas las ballenas se parecen de algún modo. Su piel tersa las ayuda a deslizarse por el agua. También tienen una capa de grasa debajo de la piel, llamada **grasa de ballena**. Esta grasa les permite mantenerse templadas.

Algunas ballenas pueden sobrevivir en aguas heladas.

Una ballena produce un chorro de aire al respirar.

Las ballenas respiran a través de un orificio nasal. El orificio está en la parte superior de la cabeza. Salen a la **superficie** del agua para respirar.

Fotosearch/Getty Images

Capítulo 2

De un lugar a otro

Las ballenas suelen deambular por los océanos. Viven en grupos llamados "manadas". Algunas clases de ballenas se desplazan entre aguas cálidas y frías. Pasan el verano en los océanos fríos. Se alimentan de plancton.

Esta es una manada de orcas.

Las ballenas viajan hacia océanos más cálidos durante el invierno. En las aguas cálidas hay menos comida, pero las ballenas no están hambrientas. La grasa les permite sobrevivir. Les da la energía que su cuerpo necesita.

El plancton contiene animales diminutos del océano.

(Inset) Scenics and Science/Oxford Scientific/Getty Images

Estas ballenas están encalladas. No pueden sobrevivir mucho tiempo en tierra.

A veces, las ballenas quedan encalladas, o atascadas, en las playas. Las tormentas pueden llevarlas demasiado cerca de la costa. Otras veces, las ballenas nadan hacia aguas poco profundas. Las que se alejan de la profundidad no siempre hallan el camino de regreso.

¿Qué hace la gente cuando una ballena se encalla en una playa? Trabajan para ponerla a salvo. Luego, la ayudan a volver al mar.

Solo personas entrenadas pueden ayudar a las ballenas encalladas.

Capítulo 3

Rescate de ballenas

Las personas ayudan a las ballenas encalladas. Primero, atienden sus necesidades. Una ballena necesita estar fresca. Su espesa grasa le da mucho calor en la arena.

Los rescatistas pueden cubrirla con sábanas o toallas, a modo de refugio contra el sol. Vierten agua fría sobre ella. Tienen cuidado de no echar agua dentro del orificio nasal.

El agua evita las quemaduras de sol. También ayuda a enfriar a la ballena.

Tim Cuff/Alamy Stock Photo

La gente debe cavar con mucho cuidado para no lastimarla.

Los rescatistas quitan la arena que rodea las aletas y la cola de la ballena. Las **aletas de la cola** pueden lastimarse si se doblan contra la arena. Dejar pasar aire alrededor de las aletas ayuda a enfriarla.

Detective del lenguaje

¿Cuál es el predicado de la oración subrayada en la página 10?

Estos rescatistas traen equipos especiales para ayudar.

Después, los rescatistas intentan devolver a la ballena al agua. Usan una clase especial de bote llamado "balsa". Se necesitan muchas personas para subirla a la balsa. ¿Cómo colocan a la ballena gigante en la balsa?

Los rescatistas colocan a la ballena sobre mantas. Usan una **grúa** para levantarla de la arena.

Luego, la grúa coloca a la ballena en la balsa. La balsa está enganchada a un bote. Este la remolca hacia aguas profundas.

La balsa está atada a la grúa con sogas.

La balsa tiene agujeros para las aletas de la ballena.

Los rescatistas ponen a la ballena en libertad en las aguas profundas. La gente está entusiasmada por verla regresar al mar. ¡Ayudar a una ballena pone a todos muy contentos!

Detective del lenguaje	¿Cuál es el predicado de la oración subrayada en la página 13?

Respuesta a la lectura

Resumir

Usa detalles para resumir *Ayudar a las ballenas.*

Detalle	Detalle

Evidencia en el texto

1. ¿Por qué *Ayudar a las ballenas* es narrativa de no ficción? **Género**
2. Mira las fotos de las páginas 10-11. ¿Qué detalles clave muestran cómo se puede ayudar a las ballenas? **Detalles clave**
3. ¿Cuál es la raíz de *enganchada* en la página 13? **Raíces de palabras**
4. ¿Cómo se ayuda a las ballenas? Usa las fotos como ayuda. **Escribir sobre la lectura**

Género Texto informativo

Compara los textos

Lee sobre cómo la gente trabaja para cuidar a los animales.

Trabajos con animales

¿Te gustan los animales? Si es así, quizás te interese trabajar con ellos.

Podrías ser veterinario. Es un médico que ayuda a los animales enfermos a recuperarse. Algunos trabajan con mascotas, como gatos y perros. Otros trabajan con animales de granja, como caballos y vacas.

Gabriel Blaj/Alamy

Podrías trabajar con animales en un zoológico. Quienes trabajan allí, cuidan de los animales y atienden sus necesidades. Los alimentan y limpian sus jaulas. Tienen permitido tocarlos para ayudarlos.

Royalty-Free/CORBIS

También podrías estudiar a los animales salvajes. Muchos de ellos necesitan nuestra protección. La gente aprende qué comen y cómo viven para ayudar a protegerlos.

Eric and David Hosking/Corbis Documentary/Getty Images

Haz conexiones

¿Cómo cuida la gente a los animales salvajes? **Pregunta esencial**

¿En qué se parece ayudar a las ballenas, mascotas y animales de granja? **El texto y otros textos**

Glosario

aleta de la cola parte final de la cola de una ballena ***(página 11)***

grasa de ballena capa espesa de grasa que mantiene templadas a las ballenas ***(página 4)***

grúa máquina utilizada para mover objetos pesados ***(página 13)***

presa animal cazado por otros animales como alimento ***(página 3)***

superficie parte superior de algo ***(página 5)***

Índice

balsa, *12, 13*

ballena azul, *2*

grasa de ballena, *4, 7, 10*

grúa, *13*

orca, *3, 7*

orificio nasal, *5, 10*

rescate de animales, *10–14*

tormenta, *8*

veterinario, *16*

zoológico, *17*

Enfoque:

Ciencias

Propósito Comparar las necesidades de los animales

Paso a paso

Paso 1 Con un compañero o una compañera, elige dos animales de este libro.

Paso 2 Dibuja una tabla. Escribe el nombre de cada animal en los primeros dos recuadros.

_____ necesita	_____ necesita	Ambos animales necesitan

Paso 3 Escribe lo que ambos animales necesitan de las personas.

Conclusión Comenta lo que has aprendido. Piensa en otro animal. ¿Tiene las mismas necesidades?